Carla Vetere

# CICERONE DAL PASSATO AL FUTURO

## Cultura e politica nel *De Oratore*

# Indice

# PREFAZIONE

Questo testo, elaborato con competenza e maestria dalla prof. Carla Vetere, dovrebbe essere letto e commentato in tutte le Scuole Superiori. È un condensato della vita e del pensiero di un dotto che cercò di portare in Roma il meglio della cultura greca.

Attraverso una profonda riflessione sulla cultura ellenica, di cui propose una rielaborazione originale rispettosa del sistema dei valori della sua Patria, Cicerone delineò la figura dell'ideale uomo di Stato, l'Oratore, connubio di scienza giuridica, vasta cultura generale ed esperienza pratica.

Questa dovrebbe essere la missione della Scuola: formare i giovani a spendere la propria esistenza in nome di alti ideali e portare con orgoglio il patrimonio di esperienza e di disciplina, appreso in anni di vita insieme, frutto di un connubio di cultura greco-romana tramandataci dalle nostre tradizioni a partire dagli scritti, dalle idee e dai pensieri di Cicerone.

La sfida è più che mai attuale; la Scuola tutta dovrebbe poter affermare con orgoglio "Preparo alla vita ed alle armi" - che è poi il motto della Scuola Militare 'Nunziatella' di Napoli, il 'Rosso Maniero' fiero della sua tradizione e vocazione più che bicentenaria alla formazione dei giovani - perché l'obiettivo comune deve essere la formazione di buoni cittadini e le armi più potenti di sempre sono proprio quelle della cultura e degli alti valori.

Francesco Sciascia

Colonnello in congedo assoluto, Vice Presidente Nazionale della Associazione ex allievi della Scuola Militare "Nunziatella" di Napoli, allievo del corso 1954/57, e ufficiale alla "Nunziatella" dal 1974 al 1988.

# INTRODUZIONE

## Cicerone e noi

Perché leggere Cicerone oggi? Questa è la domanda che più frequentemente mi pongono i miei allievi al liceo, o i miei interlocutori durante i convegni o le conversazioni letterarie. Credo che sia la domanda si pongono tutti coloro che non frequentano questo autore. Il vero problema è che non c'è una risposta univoca al quesito perché la ragione diventa evidente *ex post*, cioè dopo aver letto un'opera di Cicerone e non prima, e dipende dal vissuto e dalle aspettative del lettore rispetto a questo gigante della letteratura.

Il *De Oratore* in particolare è un'opera ricca di temi ed estremamente articolata, quindi io posso dire perché ho scelto, tra le infinite opere antiche, proprio questa per discorrere del rapporto tra cultura e politica. La ragione è che per un caso fortuito me la sono trovata tra le mani durante l'emergenza Covid 19, in un momento in cui la politica mondiale si è trovata ad affrontare molti problemi tutti insieme e la somma è stata emotivamente, economicamente, psicologicamente, socialmente devastante. Mi stavo interrogando sul perché i politici dessero risposte tanto distanti gli uni dagli altri sui medesimi temi e perché alcune di queste risposte fossero così spesso tanto discordanti dal sentire comune. Mi sono domandata cosa mi aspetto da un uomo politico, come vorrei che ragionasse, che tipo di immagine vorrei che del mio paese egli restituisse agli altri. Sono in fondo quesiti abbastanza elementari che però riguardano la filosofia politica.

Ebbene Cicerone ha dato una possibile risposta a questi miei interrogativi ed ha chiamato in causa i filosofi politici di mestiere per richiamarli alla necessità di abbandonare i quesiti astratti e di confrontarsi in maniera attiva e propositiva con i fatti reali, tutti quelli che, come disse il Machiavelli nel capitolo XV del Principe, costituiscono la "verità effettuale". Inutile far finta di vivere in un mondo inesistente, e ragionare sull'astratto, bisogna fare i conti con i problemi che ci troviamo di fronte di volta in volta e analizzarli correttamente per indirizzare l'azione.

Ecco perché Cicerone ha molto a che fare con me e con tutti noi: perché ha lungamente riflettuto su problemi analoghi – sia ben chiaro: non uguali – ai nostri; sono temi che fanno parte del nostro essere 'umani' e Cicerone ha provato a dare delle risposte, ad individuare un metodo e degli strumenti pratici per leggere la realtà, dichiarando onestamente di non possedere la verità ma di essere disposto a percorre il cammino che ad essa conduce. Altrettanto chiaramente, scegliendo la forma del dialogo, ha manifestato la sua intenzione di non procedere da solo, ma di voler camminare insieme agli altri. È per questo che mette a confronto idee diverse attraverso personaggi diversi. In questi uomini, forse, ciascuno di noi potrà trovare qualche elemento del nostro stesso modo di pensare e di sentire.

Carla Vetere

# DAL PASSATO AL FUTURO

## Cultura e politica

## nel *De oratore* di Cicerone

Il tema di questo breve saggio è il rapporto esistente tra cultura e politica e come si è configurato questo rapporto in un particolare periodo storico, il I secolo a.C., in cui la *Res Publica Romana* stava subendo trasformazioni epocali che avrebbero portato al principato di Augusto e, quindi, ad una nuova configurazione di stato: l'impero. Io credo che alcune considerazioni su quel momento storico possano farci riflettere sul nostro tempo e sui cambiamenti in atto, per questo cercherò di fare alcune annotazioni che rimandano direttamente al presente. Ma parlare di presente significa anche parlare di futuro, perché è nel presente che costruiamo ciò che sarà e determiniamo, nei limiti in cui ci è concesso, il nostro destino.

Per esaminare concretamente il tema proposto ho deciso di ricorrere a Cicerone con delle precise motivazioni.

1)	Cicerone è stato non solo un testimone, ma un protagonista delle vicende politiche della sua epoca. È vissuto all'epoca di Caio Mario, di cui era conterraneo di poco più giovane, ed ha assistito a tutta la parabola politica di Silla. Durante la sua vita si sono svolti molti conflitti: la lotta contro Giugurta, la violenta rivalità tra Mario e Silla, la guerra sociale, la guerra civile. È stato forse il più grande oratore dell'antichità, ma anche un uomo politico, partito come *homo novus* da una cittadina piccola come Arpino, che ha compiuto tutto il *cursus honorum* ed è arrivato alla massima magistratura: il consolato. Da console si è trovato di fronte alla necessità di affrontare la concreta possibilità di un colpo di stato. Tutti ricordano la congiura di Catilina; ma ha pure dovuto confrontarsi con un gigante della politica di nome Cesare, colui che ha cambiato i destini di Roma e di buona parte del mondo antico.

2)      Cicerone in diverse occasioni trattò del rapporto tra cultura e politica. Tra le tante sue opere, quella di cui è riconosciuta la grandissima valenza politica, a dispetto del titolo, è il *De Oratore*. Per usare le parole di Augusto Rostagni: "il *De Oratore* è un'opera politica perché tratta della concreta organizzazione dello Stato e dell'importanza del ruolo dell'eloquenza nella vita sociale" (Introduzione al *De Oratore*, ed. Utet)

Il *De Oratore* fu composto tra 57 e 55 a.C. ed è un dialogo ambientato in occasione dei *Ludi Romani* (tra il 4 e il 12 settembre) del 91 a.C. nella villa di Tuscolo del grande oratore Lucio Licinio Crasso. Gli interlocutori di Crasso sono Marco Antonio, nonno del più celebre triumviro, Quinto Muzio Scevola l'Augure e, in misura minore, Lutazio Catulo e Giulio Cesare Strabone.

Gli interlocutori hanno in comune il fatto di essere aristocratici di sangue e per intimo convincimento; in più sono uomini fedeli alla tradizione romana e nemici della vita tumultuosa e disordinata.

L'Oratore che Cicerone delinea attraverso il dialogo, non è solo un avvocato perché non si occupa soltanto di difendere privati nella quotidiana attività processuale. Attraverso le parole di Lucio Licinio Crasso si comprende che l'oratore è prima di tutto un uomo politico. In I, 214 Antonio dice esplicitamente che «Crasso ha consegnato all'oratore il timone dello stato» («Crassus …civitatum regendarum oratori gubernacula sententia sua tradidit»). Inoltre Crasso stesso dice (I, 30 ss) che «Nulla è più insigne della capacità di avvincere gli uomini con la parola, guadagnarne il **consenso**, spingerli a piacimento dovunque e da dovunque a piacimento distoglierli», ed aggiunge che (I,32-33) «Il discorso di un sol uomo riesce a modificare le passioni del **popolo**, gli scrupoli dei **giudici**, l'inflessibilità del **Senato**» («quid enim est…tam potens tamque magnificum quam populi motus iudicum religiones senatus gravitatem unius oratione converti?»)

È evidente che qui troviamo i 3 grandi attori della politica all'epoca di Cicerone: il popolo, i giudici ed il governo centrale. A me pare che ancora adesso gli "artefici della politica" siano questi.

L'oratore poi ha facoltà di «prestare soccorso ai supplici, risollevare gli afflitti, salvare delle vite, affrancare dai pericoli, sottrarre all'esilio i concittadini» (I,32: «quid tam porro regium tam liberale tam munificum quam opem ferre supplicibus, excitare adflictos, dare salutem, liberare periculis, retinere omnes in civitate?»). Parole simili usa Cicerone nella *Pro Archia* §13: «ex iis studiis quoque crescit oratio et facultas quae...numquam amicorum periculis defuit»; §16: «haec studia...adversis perfugium ac solacium praebent».

Direi che questi sono tutti elementi dell'azione politica concreta, perché compito della politica, soprattutto oggi che siamo in piena emergenza, è proprio quello di dare delle risposte ai cittadini in difficoltà, che nella nostra epoca sono legate soprattutto ad alcuni grandi temi: l'economia, la sicurezza e la certezza del diritto.

Cicerone rafforza il concetto e dice (I, 34) «Nella saggia guida di un oratore compiuto sta il fondamento non solo del suo prestigio personale, ma anche della salvezza di moltissimi cittadini e dell'intero stato» («perfecti oratoris moderatione et sapientia non solum ipsius dignitatem sed et privatorum plurimorum et universae rei publicae salutem maxime contineri"). Pertanto esorta i giovani a dedicarsi all'oratoria in modo tale da procurare a sè stessi la gloria, essere utili agli amici e recare vantaggi concreti allo stato («ut et vobis honori et amicis utilitati et rei publicae emolumento esse possitis»).

Anche questa affermazione si può accostare all'uomo politico, che dovrebbe avere una tale preparazione ed autorevolezza da determinare non solo il proprio successo individuale, guadagnato frequentando il foro - oggi diremmo: andando in tv-ma anche di guidare in maniera efficiente ed efficace lo stato nel suo complesso nonché di andare incontro alle esigenze contingenti dei cittadini quando si trovano in difficoltà.

Crasso è persuaso che per creare una simile figura sia necessaria una grande cultura. E qui sorge una disputa molto accesa ma dai toni sempre assai garbati tra Crasso ed Antonio nella quale si inserisce anche Scevola.

Per Crasso l'oratore deve avere conoscenze praticamente in tutti i campi dello scibile, perché queste possono tornargli utili nella sua quotidiana attività. A chi gli rimprovera che solo un tecnico può parlare di una certa materia, Crasso risponde che l'oratore è come un poeta che spesso tratta di argomenti che non conosce ma, una volta appresili, riesce a esporli in una maniera chiara, compiuta ed adorna: questo non sarà mai possibile ad un tecnico per quanto bravo. Per esempio Nicandro di Colofone scrisse tre opere tecniche, note allo stesso Virgilio, sulle bestie feroci, sui rimedi ai veleni, e sulla vita dei campi (Georgiche) (I,70: «est enim finitimus oratori poeta, numeris adstrictior paulo, verborum autem licentia liberior, multis vero ornandi generibus socius ac paene par; in hoc quidem certe proprie idem, nullis ut terminis circumscribat aut definiat ius suum, quo minus ei liceat eadem illa facultate et copia vagari qua velit» – «il poeta è parente stretto dell'oratore: un po' più condizionato dal metro, ma più libero ed ardito nella scelta lessicale, gli è compagno e quasi parente per ricchezza di ornamenti; per un aspetto si identifica con lui: nel non porre alla propria potestà limiti o confini che gli precludano di muoversi liberamente ovunque, a piacere con lo stesso ingegno e la stessa ricchezza espressiva»)

Ora ben si comprende che questa cultura non era certamente necessaria per una normale attività forense, ma poteva essere molto utile al politico che doveva essere in grado di prendere decisioni e, pertanto, di crearsi un giudizio personale, su materie estremamente varie.

Crasso aggiunge ancora un'osservazione riguardo alle arti liberali (I,73): «anche se parlando non ce ne serviamo, tuttavia appare e risulta evidente se ne siamo digiuni o se invece le abbiamo apprese» («iis artibus, quae sunt libero dignae…ipsis si in dicendo non utimur, tamen apparet atque extat, utrum simus earum rudes an didicerimus»).

In sostanza la cultura conferisce naturalmente autorevolezza a chi la possiede perché il nostro modo di essere, il nostro comportamento manifesta ciò che abbiamo fatto nostro, ciò che è entrato nel nostro bagaglio umano senza bisogno di ostentare. <u>La cultura è un habitus</u>

Anche questo concetto verrà brevemente ripreso per essere ulteriormente rafforzato nella *Pro Archia*, ove Cicerone afferma che è ben vero che la natura si rivela spesso più importante della dottrina per ottenere gloria ed onore (che corrispondono alle grandi aspirazioni degli antichi greci: kléos e timé) ma una natura straordinariamente dotata viene esaltata e portata a perfezione dalla cultura (§15: «cum ad naturam eximiam et illustrem accesserit ratio quaedam conformatioque doctrinae, tum illud nescio quid praeclarum ac singulare solere existere»)


L'oratore poi, in quanto uomo politico e di cultura a cui tutti guardano, deve essere abile come un attore, deve curare la gestualità 'actio' e la maniera in cui parla perché «quotiens enim dicimus, totiens de nobis iudicatur» (I, 125) «**Ogni volta che parliamo, altrettante volte gli altri si formano un giudizio su di noi**».

Ed anche qui mi preme rimarcare che la prudenza e la capacità di esprimersi, in sostanza la capacità di comunicare correttamente, è una dote fondamentale per chi deve gestire la cosa pubblica.

Antonio è infatti convinto che all'oratore più che la cultura occorrano delle doti naturali che non si apprendono sui manuali. Quelle che noi chiameremmo 'soft skills' cioè le abilità sociali, così come la capacità di convincere gli altri in parte si possiedono naturalmente in parte si apprendono con l'esperienza concreta, stando tra la gente ed imparando a intercettarne gli umori per poi sfruttarli a proprio vantaggio nel costruire un discorso che colpisca l'uditorio proprio nei suoi punti deboli. Egli deve convincere in ogni modo i giudici, fingere di informarli correttamente (*docere*), ma in realtà piegarli alla propria volontà (*conciliare et movere*).

Il discorso di Antonio si presta ad una duplice lettura.

1) La prima prevede che si faccia un uso politico del diritto e delle leggi, adoperando e cercando

di far valere le norme che fanno più comodo nella circostanza particolare.

2) La seconda, doverosa lettura è questa: non dimentichiamo mai il precetto «summum ius, summa iniuria». Una conoscenza ed un uso non scriteriato delle norme consentono di evitare ingiustizie. Alla base di tutto, e soprattutto dell'applicazione delle norme, ci deve essere la Giustizia con l'iniziale maiuscola ed il buon senso. **Un'affermazione ancor oggi d'attualità e dalla portata rivoluzionaria.**

Scevola ribadisce il discorso di Antonio e mette in risalto i pericoli di un'eloquenza e di una cultura mal indirizzata; egli infatti dice che gli Stati sono stati fondati da uomini saggi ed energici. Egli ricorda il caso di Romolo, dotato di *consilium et sapientia*, ma non di eloquenza (I,37) ed il caso ancora più eclatante del censore Tiberio Sempronio Gracco (220-154 a.C.) padre dei più celebri tribuni. Egli era un uomo *prudens et gravis, haudquaquam eloquens* (I,38) il quale contribuì in maniera rilevante alla restaurazione dell'ordine interno distribuendo i liberti nelle varie tribù, ed anche all'affermazione dei Romani sulla scena internazionale.

Al contrario, ricorda Scevola, i suoi figli Tiberio e Gaio furono uomini di somma eloquenza (I,38 *eloquentissimos*) e muniti di ogni risorsa sia naturale sia acquisita con lo studio (I,39 *diserti et omnibus vel naturae vel doctrinae praesidiis ad dicendum parati*), e ricevettero uno stato estremamente florido grazie all'avvedutezza paterna ed alle armi degli avi (*vel paterno consilio vel avitis armis*), ma proprio grazie alla loro somma facondia distrussero la cosa pubblica. E qui Cicerone usa un'espressione che indica il dilapidare un patrimonio (*eloquentia rem publicam dissipaverunt*), e lo fa in maniera consapevole perché l'Oratore era convinto che uno stato in buona salute fosse un patrimonio comune difficile da ottenere, ma troppo facile da dissipare.

In altre parole qui si sta configurando il pericolo di mettere la cultura e l'eloquenza nelle mani sbagliate. La cultura è come uno strumento che può essere usato per costruire tanto quanto per distruggere, per difendersi quanto per offendere. I

Gracchi avevano il limite, dal punto di vista di Cicerone ovviamente, di avere scarsa avvedutezza e prudenza, miopia politica e ideali di giustizia talmente astratti da renderli impraticabili e pericolosi. Nelle loro mani l'eloquenza era stata un mezzo di distruzione.

Crasso riprenderà il discorso di Scevola per affermare con la massima decisione nel terzo libro del *De Oratore* che se mancano **saggezza ed onestà**, l'arte oratoria diventa un pericolo gravissimo. L'oratoria, intesa come insieme di vaste conoscenze e capacità di renderle con parole eloquenti, <u>non è uno strumento moralmente neutro</u>.

Io direi che lo è ancora oggi. Noi parliamo di demagogia quando vogliamo rimarcare un discorso che non ha al suo centro il bene comune ma interessi particolari o finalità sbagliate. Cicerone parla di uso errato degli strumenti forniti dalla cultura e dalla natura (*natura et doctrina*).

Questo problema per Cicerone era particolarmente sentito perché aveva influenzato la vita sua e di suo fratello Quinto cui il *De Oratore* è dedicato. I due fratelli erano stati inizialmente osteggiati all'inizio della loro carriera politica a Roma perché pur essendo *cives* erano pure *homines novi*, cioè non avevano antenati che avessero ricoperto cariche pubbliche, dunque, dal punto di vista degli aristocratici non erano, per così dire, 'educati all'esercizio del potere'. Cicerone dimostrò però di essere diverso da tanti altri *parvenus*. A fare la differenza furono la sua cultura incredibilmente vasta e varia e il suo senso dello Stato.

Cicerone in effetti si trova sulla stessa linea di Crasso nel difendere una formazione di base vasta e non specialistica perché (I,56) «nel discorso si presenteranno quei luoghi comuni per cui si debba parlare degli dei immortali, del senso del dovere, della concordia, dell'amicizia, del diritto civile, di quello naturale, di quello internazionale, dell'equanimità, della temperanza, della magnanimità, di ogni genere di virtù» («cum illi in dicendo inciderint loci, quod persaepe evenit, ut de diis immortalibus, de pietate, de concordia, de amicitia, de communi civium, de hominum, de gentium iure, de aequitate, de temperantia, de magnitudine animi, de omni virtutis genere sit dicendum»). In sostanza quando si studia, ci si esercita su temi concreti e ricorrenti. I *loci communes* non sono un insieme di pure banalità ma sono temi ricorrenti nell'esperienza concreta, nella vita di tutti i giorni e nella storia comune. Prendiamo l'amicizia. L'amicizia si può declinare in tanti modi ed è sempre qualcosa che fa parte del nostro essere uomini. È un tema che attraversa le epoche e i popoli. I testi dei grandi autori sono dei punti di riferimento da conoscere e con cui confrontarsi continuamente, dice Cicerone, anche per criticarli e confutarli. (I,158: «Bisogna leggere i poeti, conoscere la storia, scegliere i maestri e gli scrittori di tutte le discipline liberali…correggerli, criticarli, confutarli» «legendi etiam poetae, cognoscendae historiae, omnium bonarum artium doctores atque scriptores et legendi et pervolutandi et exercitationis causa laudandi, interpretandi, corrigendi, vituperandi, refellendi» ).

A questo proposito Cicerone se la prende con le scuole filosofiche e con alcuni grandissimi filosofi dell'antichità, colpevoli di astrarsi troppo dalla realtà. Platone per esempio, aveva ipotizzato una forma di stato ideale ma improponibile nella realtà. Cicerone arriva a dire: «Platone… le idee ed i principi che riteneva di dover esporre sulla giustizia erano lontani dalla realtà della vita quotidiana e dei costumi delle comunità civili» (I,224). Quindi si fa meglio a tenere per le vacanze e per il tempo libero i libri dei filosofi.

In realtà Cicerone non ce l'aveva con i filosofi in generale. Anzi egli ricorda che uomini come Pericle ed Alessandro Magno erano stati discepoli di filosofi della caratura di Anassagora e Aristotele. Il nostro oratore attacca senza paura la tendenza di certi filosofi a trattare le *quaestiones infinitae* cioè questioni che astrattamente riguardano i principi generali, ma senza occuparsi della realtà, dei fatti concreti e non sempre con finalità oneste.

Diremmo che più che con la filosofia Cicerone aveva come bersaglio l'ideologia che, pur apparentemente affascinante, ci porta fuori strada e ci fa sbagliare quando dobbiamo prendere delle decisioni importanti. Lì quello che conta è una cultura, una preparazione ed una capacità oratoria sostenute da onestà, probità, attenzione alla realtà, lungimiranza e senso dello Stato.

La cultura, ci dice Cicerone, è attraente ma anche pericolosa perché spesso l'uditorio è costituito da persone non colte e non preparate.

Il politico deve essere colto e avere conoscenze vaste e varie per meglio servire lo stato, deve essere capace di convincere l'uditorio con il fascino del suo eloquio che non è l'inutile strepito che nasconde l'assenza di contenuti ma la degna veste di concetti alti. D'altra parte senza conoscenza degli uomini e delle situazioni e senza alti valori morali, senza *consilium, sapientia, gravitas et prudentia*, l'uomo politico non sarà mai in grado di tenere diritto il timone dello stato.

Note:

L'edizione del testo del *De Oratore* da cui sono tratte le citazioni è quella di Emanuele Narducci, *Dell'Oratore*, BUR 1997

L'edizione del testo della *Pro Archia* da cui sono tratte le citazioni è quella di Emanuele Narducci, *Il poeta Archia*, BUR 2018

# ANTOLOGIA MINIMA

Per consentire la lettura e la meditazione dei testi citati nel saggio e per favorire la loro corretta contestualizzazione, sono proposti i capitoli fondamentali del primo e del terzo libro del *De Oratore* preceduti da brevi sezioni introduttive.

I testi sono desunti dai seguenti siti:

http://www.thelatinlibrary.com/cicero/oratore1.s html;

http://www.thelatinlibrary.com/cicero/oratore3.s html

**Nei capitoli che seguono - tratti dal libro I, XI-XIII – l'oratore Marco Licinio Crasso espone in modo chiaro le motivazioni per cui egli è convinto che l'oratore debba avere una cultura vasta e profonda. Il criterio generale è «dicendi enim virtus, nisi ei qui dicet et ea quae dicet percepta sunt, extare non potest» («la piena capacità di parlare, non può sussistere se a colui**

che parlerà non saranno perfettamente noti gli argomenti di cui si accinge a parlare»). D'altra parte la perfetta conoscenza dei temi da trattare è comune anche ai filosofi - e Crasso cita personaggi della levatura di Aristotele, Teofrasto e Carneade – ma anche i filosofi per trattare in maniera gradevole ed elegante hanno avuto bisogno di padroneggiare l'*ars dicendi*. Quindi per evitare il «verborum sonitus inanis» («il vuoto suono delle sole parole») sono necessari due elementi: la padronanza della materia trattata e la capacità di esprimersi in maniera appropriata ed elegante. Infatti «nulla subiecta sententia nec scientia» («se non vi è una solida conoscenza dell'argomento») il discorso risulterà vuoto ed addirittura degno di derisione; se, d'altro canto, manca un modo di esprimersi che possa intercettare ed attrarre la sensibilità dell'uditorio («oratio gravis et ornata et hominum sensibus ac mentibus accommodata»), il pubblico non presterà attenzione ed anche il migliore dei contenuti rischia di restare, tecnicamente, lettera morta.

[XI] [45] Tum ille "non sum" inquit "nescius, Scaevola, ista inter Graecos dici et disceptari solere; audivi enim summos homines, cum quaestor ex Macedonia venissem Athenas, florente Academia, ut temporibus illis ferebatur, cum eam Charmadas et Clitomachus et Aeschines obtinebant; erat etiam Metrodorus, qui cum illis una ipsum illum Carneadem diligentius audierat, hominem omnium in dicendo, ut ferebant, acerrimum et copiosissimum; vigebatque auditor Panaeti illius tui Mnesarchus et Peripatetici Critolai Diodorus; [46] multi erant praeterea clari in philosophia et nobiles, a quibus omnibus una paene voce repelli oratorem a gubernaculis civitatum, excludi ab omni doctrina rerumque maiorum scientia ac tantum in iudicia et contiunculas tamquam in aliquod pistrinum detrudi et compingi videbam; [47] sed ego neque illis adsentiebar neque harum disputationum inventori et principi longe omnium in dicendo gravissimo et eloquentissimo, Platoni, cuius tum Athenis cum Charmada diligentius legi Gorgiam; quo in libro in hoc maxime admirabar Platonem, quod mihi [in] oratoribus inridendis ipse esse orator summus videbatur. Verbi enim controversia iam diu torquet Graeculos homines contentionis cupidiores quam veritatis. [48] Nam si quis hunc statuit esse oratorem, qui tantummodo in iure aut in iudiciis possit aut apud populum aut in senatu copiose loqui, tamen huic ipsi multa tribuat et concedat necesse est; neque enim sine multa pertractatione omnium rerum publicarum neque sine legum, morum, iuris scientia neque natura hominum incognita ac moribus in his ipsis rebus satis callide versari et perite potest; qui autem haec cognoverit, sine quibus ne illa quidem minima in causis quisquam recte tueri potest, quid huic abesse poterit de maximarum rerum scientia? Sin oratoris nihil vis esse nisi composite, ornate, copiose loqui, quaero, id ipsum qui possit adsequi sine ea scientia, quam ei non conceditis? Dicendi enim virtus, nisi ei, qui dicet, ea, quae dicet, percepta sunt, exstare non potest. [49] Quam ob rem, si ornate locutus est, sicut et fertur et mihi videtur, physicus ille Democritus, materies illa fuit physici,, de qua dixit, ornatus vero ipse verborum oratoris putandus est; et, si Plato de rebus ab civilibus controversiis remotissimis divinitus est locutus, quod ego concedo; si item Aristoteles, si Theophrastus, si

Carneades in rebus eis, de quibus disputaverunt, eloquentes et in dicendo suaves atque ornati fuerunt, sint eae res, de quibus disputant, in aliis quibusdam studiis, oratio quidem ipsa propria est huius unius rationis, de qua loquimur et quaerimus. [50] Etenim videmus eisdem de rebus ieiune quosdam et exiliter, ut eum, quem acutissimum ferunt, Chrysippum, disputavisse neque ob eam rem philosophiae non satis fecisse, quod non habuerit hanc dicendi ex arte aliena facultatem.

[XII] Quid ergo interest aut qui discernes eorum, quos nominavi, in dicendo ubertatem et copiam ab eorum exilitate, qui hac dicendi varietate et elegantia non utuntur? Vnum erit profecto, quod ei, qui bene dicunt, adferunt proprium, compositam orationem et ornatam et artificio quodam et expolitione distinctam; haec autem oratio, si res non subest ab oratore percepta et cognita, aut nulla sit necesse est aut omnium inrisione ludatur. [51] Quid est enim tam furiosum, quam verborum vel optimorum atque ornatissimorum sonitus inanis, nulla subiecta sententia nec scientia? Quicquid erit igitur quacumque ex arte, quocumque de genere, orator id, si tamquam clientis causam didicerit, dicet melius et ornatius quam ipse ille eius rei inventor atque artifex. [52] Nam si quis erit qui hoc dicat, esse quasdam oratorum proprias sententias atque causas et certarum rerum forensibus cancellis circumscriptam scientiam, fatebor equidem in his magis adsidue versari hanc nostram dictionem, sed tamen in his ipsis rebus permulta sunt, quae ipsi magistri, qui rhetorici vocantur, nec tradunt nec tenent. [53] Quis enim nescit maximam vim exsistere oratoris in hominum mentibus vel ad iram aut ad odium aut ad dolorem incitandis vel ab hisce eisdem permotionibus ad lenitatem misericordiamque revocandis? Quae nisi qui naturas hominum vimque omnem humanitatis causasque eas, quibus mentes aut incitantur aut reflectuntur, penitus perspexerit, dicendo quod volet perficere non poterit. [54] Atque totus hic locus philosophorum proprius videtur, neque orator me auctore umquam repugnabit; sed, cum illis cognitionem rerum concesserit, quod in ea solum illi voluerint elaborare, tractationem orationis, quae sine illa scientia est nulla, sibi adsumet; hoc enim est proprium oratoris, quod saepe iam dixi, oratio gravis et ornata et hominum sensibus ac mentibus accommodata.

[XIII] [55] Quibus de rebus Aristotelem et Theophrastum scripsisse fateor; sed vide ne hoc, Scaevola, totum sit a me: nam ego, quae sunt oratori cum illis communia, non mutuor ab illis, isti quae de his rebus disputant, oratorum esse concedunt, itaque ceteros libros artis suae nomine, hos rhetoricos et inscribunt et appellant. [56] Etenim cum illi in dicendo inciderint loci, quod persaepe evenit, ut de dis immortalibus, de pietate, de concordia, de amicitia, de communi civium, de hominum, de gentium iure, de aequitate, de temperantia, de magnitudine animi, de omni virtutis genere sit dicendum, clamabunt, credo, omnia gymnasia atque omnes philosophorum scholae sua esse haec omnia propria, nihil omnino ad oratorem pertinere; [57] quibus ego, ut de his rebus in angulis consumendi oti causa disserant, cum concessero, illud tamen oratori tribuam et dabo, ut eadem, de quibus illi tenui quodam exsanguique sermone disputant, hic cum omni iucunditate et gravitate explicet. Haec ego cum ipsis philosophis [tum] Athenis disserebam; cogebat enim me M. Marcellus hic noster, qui [nunc aedilis curulis est et] profecto, nisi ludos nunc faceret, huic nostro sermoni interesset; ac iam tum erat adulescentulus his studiis mirifice deditus. [58] Iam vero de legibus constituendis, de bello, de pace, de sociis, de vectigalibus, de iure civium generatim in ordines aetatesque discriptorum dicant vel Graeci, si volunt, Lycurgum aut Solonem - quamquam illos quidem censemus in numero eloquentium reponendos - scisse melius quam Hyperidem aut Demosthenem, perfectos iam homines in dicendo et perpolitos, vel nostri decem viros, qui XII tabulas perscripserunt, quos necesse est fuisse prudentis, anteponant in hoc genere et Ser. Galbae et socero tuo C. Laelio, quos constat dicendi gloria praestitisse. [59] Numquam enim negabo esse quasdam partis proprias eorum, qui in his cognoscendis atque tractandis studium suum omne posuerunt, sed oratorem plenum atque perfectum esse eum, qui de omnibus rebus possit copiose varieque dicere.

Nei capitoli XIV e XV del Primo libro, Marco Licinio Crasso si propone di rispondere ad un'obiezione ovvia ed abbastanza frequente: se si possa parlare adeguatamente di un argomento senza conoscerlo bene.

In linea col resto della sua argomentazione Crasso risponde che non è possibile, ma saggiamente aggiunge anche la cultura di base di un oratore non può abbracciare tutto lo scibile, dunque egli dovrà avere acquisito la capacità di appropriarsi di tutti i temi da trattare dagli specialisti, in modo da riuscire poi ad esporre la materia meglio degli specialisti stessi!

Questa osservazione è veramente significativa, perché indica che l'oratore ha soprattutto un metodo consolidato di apprendimento, che gli consente di accostarsi a qualunque oggetto di conoscenza e di riuscire a padroneggiarlo: questa è un'osservazione valida in ogni tempo, una moneta d'oro che il classico Cicerone trasmette alla posterità.

[XIV] Etenim saepe in eis causis, quas omnes proprias esse oratorum confitentur, est aliquid, quod non ex usu forensi, quem solum oratoribus conceditis, sed ex obscuriore aliqua scientia sit promendum atque sumendum. [60] Quaero enim num possit aut contra imperatorem aut pro imperatore dici sine rei militaris usu aut saepe etiam sine regionum terrestrium aut maritimarum scientia; num apud populum de legibus iubendis aut vetandis, num in senatu de omni rei publicae genere dici sine summa rerum civilium cognitione et prudentia; num admoveri possit oratio ad sensus animorum atque motus vel inflammandos vel etiam exstinguendos, quod unum in oratore dominatur, sine diligentissima pervestigatione earum omnium rationum, quae de naturis humani generis ac moribus a philosophis explicantur.[61] Atque haud scio an minus vobis hoc sim probaturus; equidem non dubitabo, quod sentio, dicere: physica ista ipsa et mathematica et quae paulo ante ceterarum artium propria posuisti, scientiae sunt eorum, qui illa profitentur, inlustrari autem oratione si quis istas ipsas artis velit, ad oratoris ei confugiendum est facultatem. [62] Neque enim si Philonem illum architectum, qui Atheniensibus armamentarium fecit, constat perdiserte populo rationem operis sui reddidisse, existimandum est architecti potius artificio disertum quam oratoris fuisse; nec, si huic M. Antonio pro Hermodoro fuisset de navalium opere dicendum, non, cum ab illo causam didicisset, ipse ornate de alieno artificio copioseque dixisset; neque vero Asclepiades, is quo nos medico amicoque usi sumus tum eloquentia vincebat ceteros medicos, in eo ipso, quod ornate dicebat, medicinae facultate utebatur, non eloquentiae. [63] Atque illud est probabilius, neque tamen verum, quod Socrates dicere solebat, omnis in eo, quod scirent, satis esse eloquentis; illud verius, neque quemquam in eo disertum esse posse, quod nesciat, neque, si optime sciat ignarusque sit faciundae ac poliendae orationis, diserte id ipsum, de quo sciat, posse dicere.

[XV] [64] Quam ob rem, si quis universam et propriam oratoris vim definire complectique vult, is orator erit mea sententia hoc tam gravi dignus nomine, qui, quaecumque res inciderit, quae sit dictione explicanda, prudenter et composite et ornate et memoriter dicet cum quadam actionis etiam dignitate. [65] Sin cuipiam nimis infinitum videtur, quod ita posui "quaecumque de re," licet hinc quantum cuique videbitur circumcidat atque amputet, tamen illud tenebo, si, quae ceteris in artibus atque studiis sita sunt, orator ignoret tantumque ea teneat, quae sint in disceptationibus atque usu forensi, tamen his de rebus ipsis si sit ei dicendum, cum cognoverit ab eis, qui tenent, quae sint in quaque re, multo oratorem melius quam ipsos illos, quorum eae sint artes, esse dicturum. [66] Ita si de re militari dicendum huic erit Sulpicio, quaeret a C. Mario adfini nostro et, cum acceperit, ita pronuntiabit, ut ipsi C. Mario paene hic melius quam ipse illa scire videatur; sin de iure civili, tecum communicabit, te hominem prudentissimum et peritissimum in eis ipsis rebus, quas abs te didicerit, dicendi arte superabit. [67] Sin quae res inciderit, in qua de natura, de vitiis hominum, de cupiditatibus, de modo, de continentia, de dolore, de morte dicendum sit, forsitan, si ei sit visum, -

etsi haec quidem nosse debet orator -, cum Sex. Pompeio, erudito homine in philosophia, communicarit; hoc profecto efficiet ut, quamcumque rem a quoquo cognoverit, de ea multo dicat ornatius quam ille ipse, unde cognorit. [68] Sed si me audiet, quoniam philosophia in tris partis est tributa, in naturae obscuritatem, in disserendi subtilitatem, in vitam atque mores, duo illa relinquamus atque largiamur inertiae nostrae; tertium vero, quod semper oratoris fuit, nisi tenebimus, nihil oratori, in quo magnus esse possit, relinquemus. [69] Qua re hic locus de vita et moribus totus est oratori perdiscendus; cetera si non didicerit, tamen poterit, si quando opus erit, ornare dicendo, si modo ad eum erunt delata et ei tradita.

**Fin qui l'oratore è stato messo a confronto con i filosofi. Nel capitolo XVI del Primo libro del *De Oratore* appare poi la celeberrima comparazione tra oratore e poeta. Cicerone, in effetti, considera le due figure assai simili in quanto entrambi non pongono limiti ai campi del**

**sapere dei quali possono occuparsi («in hoc quidem certe prope idem, nullis ut terminis circumscribat aut definiat ius suum, quo minus ei liceat eadem illa facultate et copia vagari qua velit») . Nicandro di Colofone era un poeta, non certo un agricoltore, eppure ha scritto un'opera splendida sull'agricoltura («Gheorghicà»).**

**Questi sono anche i paragrafi in cui si sottolinea che la cultura, la conoscenza delle arti liberali, si vede anche se non la si ostenta: Cicerone paragona l'oratore al ginnasta che ha movimenti aggraziati anche quando non si trova in palestra.**

[XVI] Etenim si constat inter doctos, hominem ignarum astrologiae ornatissimis atque optimis versibus Aratum de caelo stellisque dixisse; si de rebus rusticis hominem ab agro remotissimum Nicandrum Colophonium poetica quadam facultate, non rustica, scripsisse praeclare, quid est cur non orator de rebus eis eloquentissime dicat, quas ad certam causam tempusque cognorit? [70] Est enim finitimus oratori poeta, numeris astrictior paulo, verborum autem licentia liberior, multis vero ornandi generibus socius ac paene par; in hoc quidem certe prope idem, nullis ut terminis circumscribat aut definiat ius suum, quo minus ei liceat eadem illa facultate et copia vagari qua velit.[71] Nam quod illud, Scaevola, negasti te fuisse laturum, nisi in meo regno esses, quod in omni genere sermonis, in omni parte humanitatis dixerim oratorem perfectum esse debere: numquam me hercule hoc dicerem, si eum, quem fingo, me ipsum esse arbitrarer. [72] Sed, ut solebat C. Lucilius saepe dicere, homo tibi subiratus, mihi propter eam ipsam causam minus quam volebat familiaris, sed tamen et doctus et perurbanus, sic sentio neminem esse in oratorum numero habendum, qui non sit omnibus eis artibus, quae sunt libero dignae, perpolitus; quibus ipsis si in dicendo non utimur, tamen apparet atque exstat, utrum simus earum rudes an didicerimus: [73] ut qui pila ludunt, non utuntur in ipsa lusione artificio proprio palaestrae, sed indicat ipse motus, didicerintne palaestram an nesciant, et qui aliquid fingunt, etsi tum pictura nihil utuntur, tamen, utrum sciant pingere an nesciant, non obscurum est; sic in orationibus hisce ipsis iudiciorum, contionum, senatus, etiam si proprie ceterae non adhibeantur artes, tamen facile declaratur, utrum is, qui dicat, tantum modo in hoc declamatorio sit opere iactatus an ad dicendum omnibus ingenuis artibus instructus accesserit."

**Nel libro Terzo, cap. XX ss., Crasso riprende il tema dell'importanza di una buona formazione. Nei paragrafi 74-81, egli fa proprie alcune delle osservazioni di Antonio che aveva posto l'accento sulla necessità di abilità pratiche, le nostre *soft skills*, per riuscire a vincere le cause forensi e, in generale, per imporre e rendere vincente il proprio punto di vista. Antonio aveva anche messo in dubbio la possibilità reale che una sola persona potesse avere il patrimonio di cultura a cui Crasso aveva attribuito tanta importanza.**

**Crasso fornisce una prova della propria abilità nel dibattito ripercorrendo ed accettando in parte le giuste critiche di Antonio. Infatti la sua prima difesa è affermare che egli sta prefigurando un modello di perfezione da raggiungere, ma di**

cui non si sente assolutamente l'incarnazione. D'altro canto ribadisce di aver cominciato la sua gloriosa carriera a soli 21 anni contro un avversario dell'esperienza di Gaio Papirio Carbone ed afferma di essere un uomo «cui disciplina fuerit forum, magister usus et leges et instituta populi Romani mosque maiorum...nam neque sine forensibus nervis satis vehemens et gravis nec sine varietate doctrinae satis politus et sapiens esse orator potest» («che ebbe come addestramento il Foro, come maestri la pratica, le leggi, le istituzioni del popolo Romano e i costumi aviti...infatti l'oratore non può essere abbastanza convincente ed autorevole senza i nervi saldi per il Foro, abbastanza elegante e sapiente senza la varietà della cultura»)

L'oratore / uomo politico si configura come uomo di legge, devoto alla patria ed ai suoi *mores*, e uomo di lettere: una descrizione semplice e limpida di una formazione non libresca, ma culturale nel senso più ampio del termine.

[XX] [74] Quae cum ita sint, paululum equidem de me deprecabor et petam a vobis, ut ea, quae dicam, non de memet ipso, sed de oratore dicere putetis. Ego enim sum is, qui cum summo studio patris in pueritia doctus essem et in forum ingeni tantum, quantum ipse sentio, non tantum, quantum [ipse] forsitan vobis videar, detulissem, non possim dicere me haec, quae nunc complector, perinde, ut dicam discenda esse, didicisse; quippe qui omnium maturrime ad publicas causas accesserim annosque natus unum et viginti nobilissimum hominem et eloquentissimum in iudicium vocarim; cui disciplina fuerit forum, magister usus et leges et instituta Populi Romani mosque maiorum. [75] Paulum sitiens istarum artium, de quibus loquor, gustavi, quaestor in Asia cum essem, aequalem fere meum ex Academia rhetorem nactus, Metrodorum illum, de cuius memoria commemoravit Antonius; et inde decedens Athenis, ubi ego diutius essem moratus, nisi Atheniensibus, quod mysteria non referrent, ad quae biduo serius veneram, suscensuissem; qua re hoc, quod complector tantam scientiam vimque doctrinae, non modo non pro me, sed contra me est potius - non enim quid ego, sed quid orator possit disputo - atque hos omnis, qui artis rhetoricas exponunt, perridiculos; scribunt enim de litium genere et de principiis et de narrationibus; [76] illa vis autem eloquentiae tanta est, ut omnium rerum, virtutum, officiorum omnisque naturae, quae mores hominum, quae animos, quae vitam continet, originem, vim mutationesque teneat, eadem mores, leges, iura describat, rem publicam regat, omniaque, ad quamcumque rem pertineant, ornate copioseque dicat. [77] In quo genere nos quidem versamur tantum quantum possumus, quantum ingenio, quantum mediocri doctrina, quantum usu valemus; neque tamen istis, qui in una philosophia quasi tabernaculum vitae suae conlocarunt, multum sane in disputatione concedimus.

[XXI] [78] Quid enim meus familiaris C. Velleius adferre potest, quam ob rem voluptas sit summum bonum, quod ego non copiosius possim vel tutari, si velim, vel refellere ex illis locis, quos euit Antonius, hac dicendi exercitatione, in qua Velleius est rudis, unus quisque nostrum versatus? Quid est, quod aut Sex. Pompeius aut duo Balbi aut meus amicus, qui cum Panaetio vixit, M. Vigellius de virtute hominum Stoici possint dicere, qua in disputatione ego his debeam aut vestrum quisquam concedere? [79] Non est enim philosophia similis artium reliquarum: nam quid faciet in geometria qui non didicerit? Quid in musicis? Aut taceat oportebit aut ne sanus quidem iudicetur. Haec vero, quae sunt in philosophia, ingeniis eruuntur ad id, quod in quoque veri simile est, eliciendum acutis atque acribus eaque exercitata oratione poliuntur. Hic noster vulgaris orator, si minus erit doctus, at tamen in dicendo exercitatus, hac ipsa exercitatione communi istos quidem [nostros] verberabit neque se ab eis contemni ac despici sinet; [80] sin aliquis exstiterit aliquando, qui Aristotelio more de omnibus rebus in utramque partem possit dicere et in omni causa duas contrarias orationes, praeceptis illius cognitis, explicare aut hoc Arcesilae modo et Carneadi contra omne, quod propositum sit, disserat, quique ad eam rationem adiungat hunc [rhetoricum] usum [moremque] exercitationemque dicendi, is sit verus, is perfectus, is solus orator. Nam neque sine forensibus nervis satis vehemens et gravis nec sine varietate doctrinae satis politus et sapiens esse orator potest. [81] Qua re Coracem istum veterem patiamur nos quidem pullos suos excludere in nido, qui evolent clamatores odiosi ac molesti, Pamphilumque nescio quem sinamus in infulis tantam rem tamquam puerilis delicias aliquas depingere; nosque ipsi hac tam exigua disputatione hesterni et hodierni diei totum oratoris munus explicemus, dum modo illa res tanta sit, ut omnibus philosophorum libris, quos nemo [oratorum] istorum umquam attigit, comprehensa esse videatur."

**Nei paragrafi successivi del terzo libro, in particolare § 88 ed 89, Crasso chiarisce che la cultura deve essere più vasta che profonda, in modo che al momento opportuno il fatto di essersi muniti di 'utensili' per studiare qualsiasi disciplina, consenta all'oratore di approfondire all'occorrenza. Lo studio assiduo infatti consente di apprendere sempre più velocemente ed agilmente ed è questa la misura della validità del proprio metodo.**

Questa riflessione pedagogica è particolarmente significativa, come già avvertiva Augusto Rostagni, dal momento che si continua a discutere sulla validità delle discipline liceali, ed in particolare sul greco e sul latino, per la formazione del professionista. Dopotutto si sente spesso dire che chi deve far calcoli per costruire un palazzo non ha bisogno della poesia o della letteratura. Crasso, che è la voce di Cicerone, sta rispondendo a questa obiezione con la semplice osservazione del fatto che mentre un edificio funzionale ma brutto è destinato ad essere schivato ed abbandonato, una costruzione bella, oltre che solida, è destinata ad essere lungamente abitata ed a durare e che non bastano i calcoli a conferire bellezza ad un edificio. Questo è il valore della cultura. I pensieri, esattamente come gli oggetti, esistono a prescindere dalla nostra capacità di raccontarli e descriverli, ma è la nostra capacità di esprimere 'recte et ornate' i pensieri che conferisce loro valore e ne consente una più vasta condivisione.

[88] sed si tota vita nihil velis aliud agere, ipsa tractatio et quaestio cotidie ex se gignit aliquid, quod cum desidiosa delectatione vestiges. Ita fit, ut agitatio rerum sit infinita, cognitio facilis, si usus doctrinam confirmet, mediocris opera tribuatur, memoria studiumque permaneat. **Libet autem semper discere**; ut si velim ego talis optime ludere aut pilae studio tenear, etiam fortasse, si adsequi non possim; at alii, quia praeclare faciunt, vehementius, quam causa postulat, delectantur, ut Titius pila, Brulla talis. [89] Qua re nihil est quod quisquam magnitudinem artium ex eo, quod senes discunt, pertimescat, namque aut senes ad eas accesserunt aut usque ad senectutem in studiis detinentur aut sunt tardissimi; res quidem se mea sententia sic habet, ut **nisi quod quisque cito potuerit, numquam omnino possit perdiscere**."

**Ed adesso ci addentriamo in una sezione molto tecnica ma estremamente interessante del** *De Oratore*, **nella quale Crasso si occupa di filosofia politica.**

Il punto di partenza appare assai semplice: i *loci commununes*, cioè quell'insieme di argomenti che servono a rafforzare un ragionamento, chiarendolo con esempi evidenti ed alla portata di tutti.

Il discorso si complica quando Crasso afferma che i filosofi "politici", così chiamati dai Greci in ragione della loro conoscenza delle dinamiche degli Stati, hanno rivendicato a sé l'appannaggio esclusivo dell'insegnamento di questi *loci communes* come tecniche di ragionamento. Crasso dimostra come sia l'oratore, più che il filosofo, a padroneggiare questa materia, e lo fa da par suo con un piccolo 'trattato' sulle tecniche di argomentazione.

Crasso dice che 2 possono essere gli <u>scopi</u> dell'indagine:

a: l'accertamento dei fatti;

b: la ricerca di una norma per agire.

L'<u>indagine</u> stessa si articola in:

- congetture,

- definizioni,

- conseguenze.

Le <u>congetture</u> servono a stabilire:

a: cosa sia una cosa;

b: l'origine di una cosa;

c: le cause;

d: i cambiamenti.

Le <u>definizioni</u> si articolano in:

a: opinioni comuni;

b: accertamento di cosa sia proprio di un oggetto di studio;

c: divisione in parti dell'oggetto di indagine;

d: descrizione delle particolarità di un oggetto di studio.

Le <u>conseguenze</u> si articolano in:

a: discussioni semplici;

b: comparazioni.

Le <u>discussioni</u> semplici mirano a stabilire:

a: cosa bisogna ricercare e cosa bisogna evitare;

b: cosa sia giusto e cosa sia ingiusto;

c: cosa sia onorevole e cosa sia turpe.

Le <u>comparazioni</u> invece mirano a stabilire:

a: se 2 cose siano uguali o diverse in qualche aspetto;

b: cosa sia preferibile tra 2 cose.

[104] Summa autem laus eloquentiae est amplificare rem ornando, quod valet non solum ad augendum aliquid et tollendum altius dicendo, sed etiam ad extenuandum atque abiciendum.

[XXVII] Id desideratur omnibus eis in locis, quos ad fidem orationis faciendam adhiberi dixit Antonius, vel cum explanamus aliquid vel cum conciliamus animos vel cum concitamus; [105] sed in hoc, quod postremum dixi, amplificatio potest plurimum, eaque una laus oratoris est [et] propria maxime. Etiam maior est illa exercitatio quam extremo sermone instruxit Antonius, primo reiciebat, laudandi et vituperandi; nihil est enim ad exaggerandam et amplificandam orationem accommodatius, quam utrumque horum cumulatissime facere posse. [106] Consequentur etiam illi loci, qui quamquam proprii causarum et inhaerentes in earum nervis esse debent, tamen quia de universa re tractari solent, communes a veteribus nominati sunt; quorum partim habent vitiorum et peccatorum acrem quandam cum amplificatione incusationem aut querelam, contra quam dici nihil solet nec potest, ut in depeculatorem, in proditorem, in parricidam; quibus uti confirmatis criminibus oportet, aliter enim ieiuni sunt atque inanes; [107] alii autem habent deprecationem aut miserationem; alii vero ancipitis disputationes, in quibus de universo genere in utramque partem disseri copiose licet. Quae exercitatio nunc propria duarum philosophiarum, de quibus ante dixi, putatur, apud antiquos erat eorum, a quibus omnis de rebus forensibus dicendi ratio et copia petebatur; de virtute enim, de officio, de aequo et bono, de dignitate, utilitate, honore, ignominia, praemio, poena similibusque de rebus in utramque partem dicendi etiam nos et vim et artem habere debemus. [108] Sed quoniam de nostra possessione depulsi in parvo et eo litigioso praediolo relicti sumus et aliorum patroni nostra tenere tuerique non potuimus, ab eis, quod indignissimum est, qui in nostrum patrimonium inruperunt, quod opus est nobis mutuemur.

[XXVIII] [109] Dicunt igitur nunc quidem illi, qui ex particula parva urbis ac loci nomen habent et Peripatetici philosophi aut Academici nominantur, olim autem propter eximiam rerum maximarum scientiam a Graecis politici philosophi appellati universarum rerum publicarum nomine vocabantur, omnem civilem orationem in horum alterutro genere versari: aut de finita controversia certis temporibus ac reis; hoc modo: placeatne a Karthaginiensibus captivos nostros redditis suis recuperari? Aut infinite de universo genere quaerentis: quid omnino de captivo statuendum ac sentiendum sit? Atque horum superius illud genus causam aut controversiam appellant eamque tribus, lite aut deliberatione aut laudatione, definiunt; haec autem altera quaestio infinita et quasi proposita consultatio nominatur. [110] Atque [hactenus loquantur] etiam hac in instituendo divisione utuntur, sed ita, non ut iure aut iudicio, vi denique recuperare amissam possessionem, sed ut [iure civili] surculo defringendo usurpare videantur. Nam illud alterum genus, quod est temporibus, locis, reis definitum, obtinent, atque id ipsum lacinia - nunc enim apud Philonem, quem in Academia [maxime] vigere audio, etiam harum iam causarum cognitio exercitatioque celebratur - alterum vero tantum modo in prima arte tradenda nominant et oratoris esse dicunt; sed neque vim neque naturam eius nec partis nec genera proponunt, ut praeteriri omnino fuerit satius quam attactum deseri; nunc enim inopia reticere intelleguntur, tum iudicio viderentur.

[XXIX] [111] Omnis igitur res eandem habet naturam ambigendi, de qua quaeri et disceptari potest, sive in infinitis consultationibus disceptatur sive in eis causis, quae in civitate et forensi disceptatione versantur; neque est ulla, quae non aut ad cognoscendi aut ad agendi vim rationemque referatur; [112] nam aut ipsa cognitio rei scientiaque perquiritur, ut virtus suamne propter dignitatem an propter fructum aliquem expetatur; aut agendi consilium exquiritur, ut sitne sapienti capessenda res publica. [113] Cognitionis autem tres modi, coniectura, definitio et, ut ita dicam, consecutio: nam quid in re sit, coniectura quaeritur, ut illud, sitne in humano genere sapientia, quam autem vim quaeque res habeat, definitio explicat, ut si quaeratur, quid sit sapientia; consecutio autem tractatur, cum quid quamque rem sequatur, anquiritur, ut illud, sitne aliquando mentiri boni viri. [114] Redeunt rursus ad coniecturam eamque in quattuor genera dispertiunt; nam aut quid sit quaeritur, hoc modo: naturane sit ius inter homines an in opinionibus; aut, quae sit origo cuiusque rei, ut quod sit initium legum aut rerum publicarum; aut causa et ratio, ut si quaeratur, cur doctissimi homines de maximis rebus dissentiant; aut de immutatione, ut, si disputetur, num interire virtus in homine aut num in vitium possit convertere. [115] Definitionis autem sunt disceptationes aut, cum quaeritur, quid in communi mente quasi impressum sit, ut si disseratur, idne sit ius, quod maximae parti sit utile; aut, cum quid cuiusque sit proprium exquiritur, ut ornate dicere propriumne sit oratoris an id etiam aliquis praeterea facere possit, aut? cum res distribuitur in partis, ut si quaeratur, quot sint genera rerum expetendarum, ut sintne tria, corporis, animi externarumque rerum, aut, cum, quae forma et quasi naturalis nota cuiusque sit, describitur, ut si quaeratur avari species, seditiosi, gloriosi. [116] Consecutionis autem duo prima quaestionum genera ponuntur; nam aut simplex est disceptatio, ut si disseratur, expetendane sit gloria, aut ex comparatione, laus an divitiae magis expetendae sint; simplicium autem sunt tres modi: de expetendis fugiendisve rebus, ut expetendine honores sint, num fugienda paupertas; de aequo aut iniquo, ut aequumne sit ulcisci iniurias etiam propinquorum; de honesto aut turpi, ut hoc, sitne honestum gloriae causa mortem obire. [117] Comparationis autem duo sunt modi: unus, cum idemne sit an aliquid intersit quaeritur; ut metuere et vereri, ut rex et tyrannus, ut adsentator et amicus; alter, cum quid praestet aliud alii quaeritur, ut illud, optimine cuiusque sapientes an populari laude ducantur. Atque eae quidem disceptationes, quae ad cognitionem referuntur, sic fere a doctissimis hominibus describuntur.

[XXX] [118] Quae vero referuntur ad agendum, aut in offici disceptatione versantur, quo in genere quid rectum faciendumque sit quaeritur, cui loco omnis virtutum et vitiorum est silva subiecta, aut in animorum aliqua permotione aut gignenda aut sedanda tollendave tractantur. Huic generi subiectae sunt cohortationes, obiurgationes, consolationes, miserationes omnisque ad omnem animi motum et impulsio et, si ita res feret, mitigatio. [119] Explicatis igitur his generibus ac modis disceptationum omnium nihil sane ad rem pertinet, si qua in re discrepavit ab Antoni divisione nostra partitio: eadem sunt membra in utriusque disputatione, sed paulo secus a me atque ab illo partita ac tributa. Nunc ad reliqua progrediar meque ad meum munus pensumque revocabo. Nam ex illis locis, quos euit Antonius, omnia sunt ad quaeque genera quaestionum argumenta sumenda; sed aliis generibus alii loci magis erunt apti; de quo non tam quia longum est quam quia perspicuum est, dici nihil est necesse. [120] Ornatissimae sunt igitur orationes eae, quae latissime vagantur et a privata [et a singulari] controversia se ad universi generis vim explicandam conferunt et convertunt, ut ei, qui audiant, natura et genere et universa re cognita de singulis reis et criminibus et litibus statuere possint. [121] Hanc ad consuetudinem exercitationis vos, adulescentes, est cohortatus Antonius atque a minutis angustisque concertationibus ad omnem vim varietatemque vos disserendi traducendos putavit; qua re non est paucorum libellorum hoc munus, ut ei, qui scripserunt de dicendi ratione, arbitrantur, neque Tusculani atque huius ambulationis antemeridianae aut nostrae posmeridianae sessionis; non enim solum acuenda nobis neque procudenda lingua est, sed onerandum complendumque pectus maximarum rerum et plurimarum suavitate, copia, varietate.

[XXXI] [122] Nostra est enim - si modo nos oratores, si in civium disceptationibus, si in periculis, si in deliberationibus publicis adhibendi auctores et principes sumus - nostra est, inquam, omnis ista prudentiae doctrinaeque possessio, in quam homines quasi caducam atque vacuam abundantes otio, nobis occupatis, involaverunt atque etiam aut inridentes oratorem, ut ille in Gorgia Socrates, cavillantur aut aliquid de oratoris arte paucis praecipiunt libellis eosque rhetoricos inscribunt, quasi non illa sint propria rhetorum, quae ab eisdem de iustitia, de officio, de civitatibus instituendis et regendis, de omni vivendi denique etiam de naturae ratione dicuntur. [123] Quae quoniam iam aliunde non possumus, sumenda sunt nobis ab eis ipsis, a quibus expilati sumus; dum modo illa ad hanc civilem scientiam, quo pertinent et quam intuentur, transferamus, neque, ut ante dixi, omnem teramus in his discendis rebus aetatem; sed cum fontis viderimus, quos nisi qui celeriter cognorit, numquam cognoscet omnino, tum, quotienscumque opus erit, ex eis tantum, quantum res petet, hauriemus; [124] nam neque tam est acris acies in naturis hominum et ingeniis, ut res tantas quisquam nisi monstratas possit videre, neque tanta tamen in rebus obscuritas, ut eas non penitus acri vir ingenio cernat, si modo aspexerit. In hoc igitur tanto tam immensoque campo cum liceat oratori vagari libere atque ubicumque constiterit, consistere in suo, facile suppeditat omnis apparatus ornatusque dicendi; [125] rerum enim copia verborum copiam gignit; et, si est honestas in rebus ipsis, de quibus dicitur, exsistit ex re naturalis quidam splendor in verbis. Sit modo is, qui dicet aut scribet, institutus liberaliter educatione doctrinaque puerili et flagret studio et a natura adiuvetur et in universorum generum infinitis disceptationibus exercitatus ornatissimos scriptores oratoresque ad cognoscendum imitandumque delegerit, ne ille haud sane, quem ad modum verba struat et inluminet, a magistris istis requiret; ita facile in rerum abundantia ad orationis ornamenta sine duce natura ipsa, si modo est exercitata, delabitur."

Dopo aver esaminato aspetti tecnici, Crasso elogia gli antichi oratori per la loro estrema versatilità. Ippia di Elide ad esempio deve la sua fama sia alla vasta conoscenza delle "artes liberales" cioè la geometria, la musica, la letteratura e la poesia, le scienze (naturali, morali e politiche), sia alla sua capacità di fabbricarsi da solo un mantello ed i sandali. Qui c'è un sincero elogio dei grandi oratori greci...del passato! E solo del passato perché il passo si conclude con una critica aperta e velenosissima dei Greci della sua epoca che, pur avendo la fortuna di nascere tra le opere letterarie e già dotati di un ardente amore per le tutte le arti, hanno il grave difetto di essere pigri, per cui non solo non hanno aggiunto nulla a quanto tramandato ma non sono neppure capaci di preservare il loro patrimonio.

[XXXII] [126] Hic Catulus "di immortales," inquit "quantam rerum varietatem, quantam vim, quantam copiam, Crasse, complexus es quantisque ex angustiis oratorem educere ausus es et in maiorum suorum regno conlocare! Namque illos veteres doctores auctoresque dicendi nullum genus disputationis a se alienum putasse accepimus semperque esse in omni orationis ratione versatos; [127] ex quibus Elius Hippias, cum Olympiam venisset maxima illa quinquennali celebritate ludorum, gloriatus est cuncta paene audiente Graecia nihil esse ulla in arte rerum omnium quod ipse nesciret; nec solum has artis, quibus liberales doctrinae atque ingenuae continerentur, geometriam, musicam, litterarum cognitionem et poetarum atque illa, quae de naturis rerum, quae de hominum moribus, quae de rebus publicis dicerentur, se tenere sed anulum, quem haberet, pallium, quo amictus, soccos, quibus indutus esset, [se] sua manu confecisse. [128] Scilicet nimis hic quidem est progressus, sed ex eo ipso est coniectura facilis, quantum sibi illi oratores de praeclarissimis artibus appetierint, qui ne sordidiores quidem repudiarint. Quid de Prodico Cio, de Thrasymacho

Calchedonio, de Protagora Abderita loquar? Quorum unus quisque plurimum ut temporibus illis etiam de natura rerum et disseruit et scripsit. [129] Ipse ille Leontinus Gorgias, quo patrono, ut Plato voluit, philosopho succubuit orator, qui aut non est victus umquam a Socrate neque sermo ille Platonis verus est; aut, si est victus, eloquentior videlicet fuit et disertior Socrates et, ut tu appellas, copiosior et melior orator - sed hic in illo ipso Platonis libro de omni re, quaecumque in disceptationem quaestionemque vocetur, se copiosissime dicturum esse profitetur; isque princeps ex omnibus ausus est in conventu poscere qua de re quisque vellet audire; cui tantus honos habitus est a Graecia, soli ut ex omnibus Delphis non inaurata statua sed aurea statueretur. [130] Sed hi, quos nominavi, multique praeterea summique dicendi doctores uno tempore fuerunt; ex quibus intellegi potest ita se rem habere, ut tu, Crasse, dicis, oratorisque nomen apud antiquos in Graecia maiore quadam vel copia vel gloria floruisse. [131] Quo quidem magis dubito tibine plus laudis an Graecis vituperationis statuam esse tribuendum: cum tu in alia lingua ac moribus natus occupatissima in civitate vel privatorum negotiis paene omnibus vel orbis terrae procuratione ac summi imperi gubernatione destrictus tantam vim rerum cognitionemque comprehenderis eamque omnem cum eius, qui consilio et oratione in civitate valeat, scientia atque exercitatione sociaris; illi nati in litteris ardentesque his studiis, otio vero diffluentes, non modo nihil acquisierint, sed ne relictum quidem et traditum et suum conservarint."

**Concludo questa breve antologia con l'elogio di alcuni oratori e uomini politici romani e greci del passato che vengono contrapposti (per comparazione) a personaggi del suo presente. La differenza consiste nel fatto che al suo tempo i personaggi pubblici avevano sempre una sorta di "armatura incompleta": o erano colti, o possedevano una sola buona qualità. Di conseguenza non vengono considerati dei veri uomini di stato perché solo chi coglie davvero il nesso tra le arti liberali è in grado di cogliere poi il nesso tra le virtù e farne quello che per Crasso, come per Cicerone, era l'uso migliore: mettere la**

**propria persona, munita di esperienza e di cultura, al servizio dello Stato.**


*De Oratore* III, 134-143

[134] Haec fuit P. Crassi illius veteris, haec Ti. Coruncani, haec proavi generi mei Scipionis prudentissimi hominis sapientia, qui omnes pontifices maximi fuerunt, ut ad eos de omnibus divinis atque humanis rebus referretur; eidemque in senatu et apud populum et in causis amicorum et domi et militiae consilium suum fidemque praestabant. [135] Quid enim M. Catoni praeter hanc politissimam doctrinam transmarinam atque adventiciam defuit? Num, quia ius civile didicerat, causas non dicebat? Aut quia poterat dicere, iuris scientiam neglegebat? Vtroque in genere et elaboravit et praestitit. Num propter hanc ex privatorum negotiis conlectam gratiam tardior in re publica capessenda fuit? Nemo apud populum fortior, nemo melior senator; et idem facile optimus imperator; denique nihil in hac civitate temporibus illis sciri discive potuit, quod ille non cum

investigarit et scierit tum etiam conscripserit. [136] Nunc contra plerique ad honores adipiscendos et ad rem publicam gerendam nudi veniunt atque inermes, nulla cognitione rerum, nulla scientia ornati. Sin aliquis excellit unus e multis, effert se, si unum aliquid adfert, aut bellicam virtutem aut usum aliquem militarem; quae sane nunc quidem obsoleverunt; aut iuris scientiam, ne eius quidem universi; nam pontificium, quod est coniunctum, nemo discit; aut eloquentiam, quam in clamore et in verborum cursu positam putant; omnium vero bonarum artium, denique virtutum ipsarum societatem cognationemque non norunt. [136] Nunc contra plerique ad honores adipiscendos et ad rem publicam gerendam nudi veniunt atque inermes, nulla cognitione rerum, nulla scientia ornati. Sin aliquis excellit unus e multis, effert se, si unum aliquid adfert, aut bellicam virtutem aut usum aliquem militarem; quae sane nunc quidem obsoleverunt; aut iuris scientiam, ne eius quidem universi; nam pontificium, quod est coniunctum, nemo discit; aut eloquentiam, quam in clamore et in verborum cursu positam putant; omnium vero bonarum artium, denique virtutum ipsarum societatem cognationemque non norunt.

[XXXIV] [137] Sed ut ad Graecos referam orationem, quibus carere hoc quidem in sermonis genere non possumus - nam ut virtutis a nostris, sic doctrinae sunt ab illis exempla petenda - septem fuisse dicuntur uno tempore, qui sapientes et haberentur et vocarentur: hi omnes praeter Milesium Thalen civitatibus suis praefuerunt. Quis doctior eisdem temporibus illis aut cuius eloquentia litteris instructior fuisse traditur quam Pisistrati? Qui primus Homeri libros confusos antea sic disposuisse dicitur, ut nunc habemus. Non fuit ille quidem civibus suis utilis, sed ita eloquentia floruit, ut litteris doctrinaque praestaret. [138] Quid Pericles? De cuius vi dicendi sic accepimus, ut, cum contra voluntatem Atheniensium loqueretur pro salute patriae severius, tamen id ipsum, quod ille contra popularis homines diceret, populare omnibus et iucundum videretur; cuius in labris veteres comici, etiam cum illi male dicerent (quod tum Athenis fieri licebat), leporem habitasse dixerunt tantamque in eodem vim fuisse, ut in eorum mentibus, qui audissent, quasi aculeos quosdam relinqueret. At hunc non declamator aliqui ad clepsydram latrare docuerat, sed, ut accepimus, Clazomenius ille Anaxagoras vir summus in maximarum rerum scientia: itaque hic doctrina, consilio, eloquentia excellens quadraginta annis praefuit Athenis et urbanis eodem tempore et bellicis rebus. [139] Quid Critias? Quid Alcibiades? Civitatibus quidem suis non boni, sed certe docti atque eloquentes, nonne Socraticis erant disputationibus eruditi? Quis Dionem Syracosium doctrinis omnibus expolivit? Non Plato? Atque eum idem ille non linguae solum, verum etiam animi ac virtutis magister ad liberandam patriam impulit, instruxit, armavit. Aliisne igitur artibus hunc Dionem instituit Plato, aliis Isocrates clarissimum virum Timotheum Cononis praestantissimi imperatoris filium, summum ipsum imperatorem hominemque doctissimum? Aut aliis Pythagorius ille Lysis Thebanum Epaminondam, haud scio an summum virum unum omnis Graeciae? Aut Xenophon Agesilaum? Aut Philolaus Archytam Tarentinum? Aut ipse Pythagoras totam illam veterem Italiae Graeciam, quae quondam magna vocitata est?

[XXXV] [140] Equidem non arbitror; sic enim video, unam quandam omnium rerum, quae essent homine erudito dignae atque eo, qui in re publica vellet excellere, fuisse doctrinam; quam qui accepissent, si eidem ingenio ad pronuntiandum valuissent et se ad dicendum quoque non repugnante natura dedissent, eloquentia praestitisse. [141] Itaque ipse Aristoteles cum florere Isocratem nobilitate discipulorum videret, quod [ipse] suas disputationes a causis forensibus et civilibus ad inanem sermonis elegantiam transtulisset, mutavit repente totam formam prope disciplinae suae versumque quendam Philoctetae paulo secus dixit: ille enim turpe sibi ait esse tacere, cum barbaros, hic autem, cum Isocratem pateretur dicere; itaque ornavit et inlustravit doctrinam illam omnem rerumque cognitionem cum orationis exercitatione coniunxit. Neque vero hoc fugit sapientissimum regem Philippum, qui hunc Alexandro filio doctorem accierit, a quo eodem ille et agendi acciperet praecepta et eloquendi. [142]

Nunc sive qui volet, eum philosophum, qui copiam nobis rerum orationisque tradat, per me appellet oratorem licet; sive hunc oratorem, quem ego dico sapientiam iunctam habere eloquentiae, philosophum appellare malet, non impediam; dum modo hoc constet, neque infantiam eius, qui rem norit, sed eam explicare dicendo non queat, neque inscientiam illius, cui res non suppetat, verba non desint, esse laudandam; quorum si alterum sit optandum, **malim equidem indisertam prudentiam quam stultitiam loquacem**; [143] sin quaerimus quid unum excellat ex omnibus, docto oratori palma danda est; quem si patiuntur eundem esse philosophum, sublata controversia est; sin eos diiungent, hoc erunt inferiores, quod in oratore perfecto inest illorum omnis scientia, in philosophorum autem cognitione non continuo inest eloquentia; quae quamvis contemnatur ab eis, necesse est tamen aliquem cumulum illorum artibus adferre videatur".